Las estaciones y el sol

Lisa J. Amstutz y Alma Patricia Ramirez

ROUND LAKE AREA
LIBRARY
906 HART ROAD
ROUND LAKE, IL 60073
(847) 546-7060

A Division of
Rourke Educational Media
Carson Dellosa Education®

ANTES Y DURANTE LAS ACTIVIDADES DE LECTURA

Antes de la lectura: *Desarrollo del conocimiento del contexto y el vocabulario*

Desarrollar el conocimiento del contexto puede ayudar a los niños a procesar la información nueva y usar como base lo que ya saben. Antes de leer un libro, es importante utilizar lo que ya saben los niños acerca del tema. Esto los ayudará a desarrollar su vocabulario e incrementar la comprensión de la lectura.

Preguntas y actividades para desarrollar el conocimiento del contexto:

1. Ve la portada del libro y lee el título. ¿De qué crees que trata este libro?
2. ¿Qué sabes de este tema?
3. Hojea el libro y echa un vistazo a las páginas. Ve el contenido, las fotografías, los pies de fotografía y las palabras en negritas. ¿Estas características del texto te dieron información o predicciones acerca de lo que leerás en este libro?

Vocabulario: El vocabulario es la clave para la comprensión de la lectura

Use las siguientes instrucciones para iniciar una conversación acerca de cada palabra.

- Lee las palabras de vocabulario.
- ¿Qué te viene a la mente cuando ves cada palabra?
- ¿Qué crees que significa cada palabra?

Palabras de vocabulario:
- *ecuador*
- *órbita*
- *sol*
- *inclina*

Durante la lectura: *Leer para obtener significado y entendimiento*

Para lograr la comprensión profunda de un libro, se anima a los niños a que usen estrategias de lectura detallada. Durante la lectura, es importante hacer que los niños se detengan y establezcan conexiones. Estas conexiones darán como resultado un análisis y entendimiento más profundos de un libro.

 Lectura detallada de un texto

Durante la lectura, pida a los niños que se detengan y hablen acerca de lo siguiente:
- Partes que sean confusas
- Palabras que no conozcan
- Conexiones texto a texto, texto a ti mismo, texto al mundo
- La idea principal en cada capítulo o encabezado

Anime a los niños a usar las pistas del contexto para determinar el significado de las palabras que no conozcan. Estas estrategias ayudarán a los niños a aprender a analizar el texto más minuciosamente mientras leen.

Cuando termine de leer este libro, vaya a la última página para ver **Actividad para después de la lectura.**

Contenido

¿Qué son las estaciones?

Las estaciones cambian cada año.

El tiempo puede cambiar con las estaciones.

En primavera, el aire se calienta.

Las semillas germinan.

El **sol** del verano está caliente.

Los días son largos.

Las plantas crecen rápido.

En otoño, las hojas cambian de color. Se caen al suelo. Los días se hacen cortos.

La nieve cae en invierno. El tiempo está muy frío. ¡Pero pronto, vendrá la primavera!

Alrededor del sol

La Tierra gira alrededor del sol.

Cada **órbita** toma un año.

¿Por qué cambian las estaciones? Porque la Tierra se **inclina** hacia un lado.

Diferentes partes de la Tierra están más cerca del sol cuando la tierra da vueltas alrededor del sol.

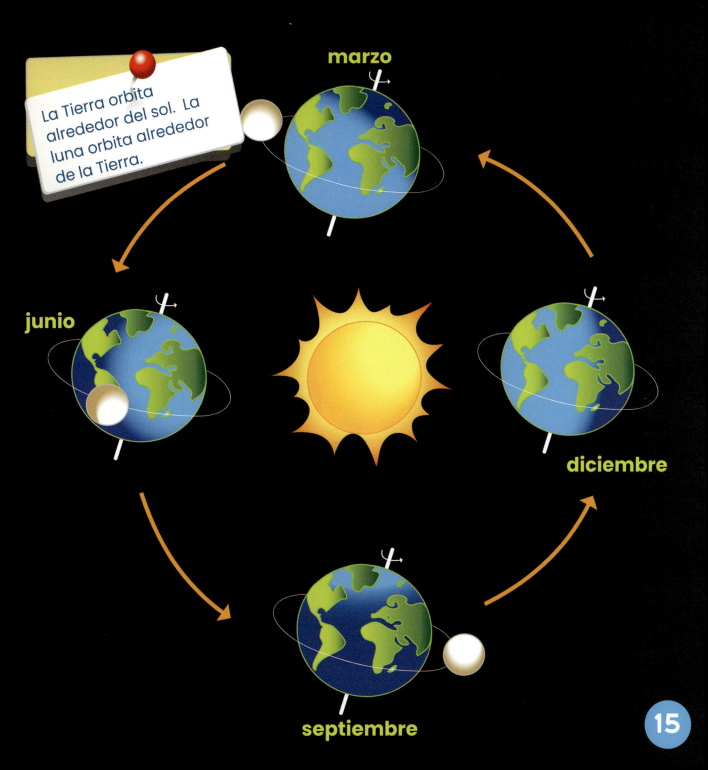

marzo

La Tierra orbita alrededor del sol. La luna orbita alrededor de la Tierra.

junio

diciembre

septiembre

Norte y sur

El **ecuador** es una línea invisible. Divide a la Tierra a la mitad.

Una mitad es el norte. La otra mitad es el sur.

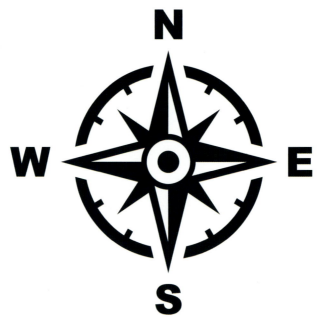

Ecuador

Al mismo tiempo en el año, el norte y el sur tienen diferentes estaciones.

Cuando la parte norte de la Tierra se inclina lejos del sol, la parte sur de de la Tierra se inclina hacia el sol.

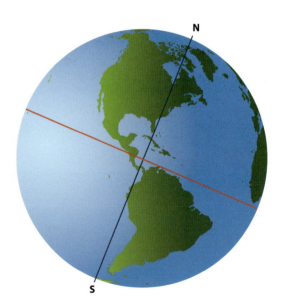

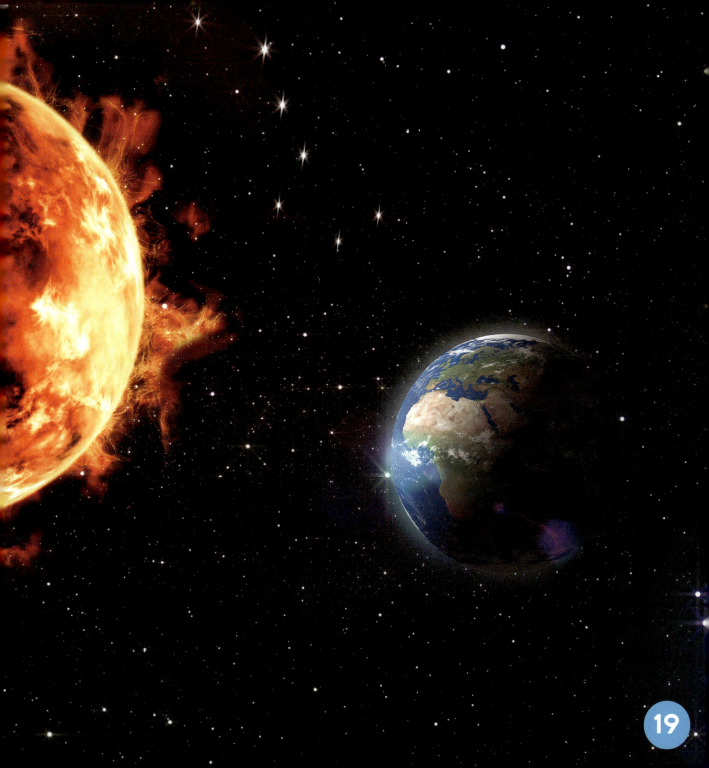

El invierno en el norte sucede al mismo tiempo que el verano en el sur.

El invierno comienza en diciembre en Arizona, Estados Unidos, en el norte.

El verano comienza en diciembre en Sídney, Australia, en el sur.

Glosario de fotografías

ecuador (e-cua-dor): Una línea imaginaria alrededor de la mitad de la Tierra.

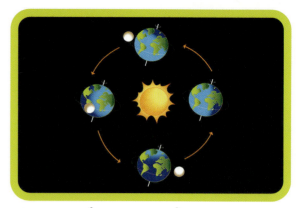

órbita (ór-bi-ta): El camino curvo que sigue una luna, un planeta o satélite cuando gira alrededor de un planeta o del sol.

sol (sol): Una estrella alrededor de la cual orbita la Tierra.

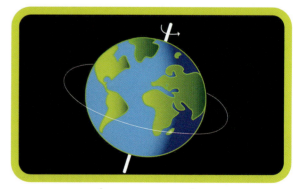

inclina (in-cli-na) Ladearse o recostarse hacia un lado.

Modelo de las estaciones

Haz un modelo de la Tierra. Úsalo para aprender cómo cambian las estaciones.

Materiales

marcador permanente

naranja

palillos (2)

lámpara

Instrucciones

1. Usa el marcador para dibujar una línea alrededor de la mitad de la naranja. Este será el ecuador.

2. Clava un palillo en la parte de arriba y en la parte de abajo de la naranja. Estos serán los polos norte y sur.

3. Sostén la naranja derecha arriba y abajo. Apaga las luces y enciende tu lámpara, dirígela hacia la naranja. Observa: ¿Dónde se ve la mayoría de la luz?

4. Ahora, inclina la parte de arriba de la naranja hacia la luz. Observa: ¿Dónde se ve la mayoría de la luz ahora? ¿Algo de la luz ilumina los polos?

5. Intenta inclinar la parte de abajo de la naranja hacia la luz. ¿Qué cambios ves?

Índice

Acerca del autor

Lisa J. Amstutz es autora de más de 100 libros infantiles. A ella le gusta aprender acerca de las ciencias y compartir datos divertidos con los niños. Lisa vive en una pequeña granja con su familia, dos cabras, un averío de gallinas y una perrita que se llama Daisy.

Actividad para después de la lectura

¿Qué estación es donde vives? Escribe la hora en la que sale el sol y en la que se mete. ¿Cuántas horas de luz registraste? Anota las horas durante una semana. ¿Los días se están haciendo más largos o más cortos?

Library of Congress PCN Data

Las estaciones y el sol / Lisa J. Amstutz
(Mi biblioteca de ciencias de la Tierra y el espacio)
ISBN (hard cover)(alk. paper) 978-1-73164-908-9
ISBN (soft cover) 978-1-73164-856-3
ISBN (e-Book) 978-1-73164-960-7
ISBN (e-Pub) 978-1-73165-012-2
Library of Congress Control Number: 2021935674

Rourke Educational Media
Printed in the United States of America
01-1872111937

© 2022 Rourke Educational Media

All rights reserved. No part of this book may be reproduced or utilized in any form or by any means, electronic or mechanical including photocopying, recording, or by any information storage and retrieval system without permission in writing from the publisher.

www.rourkeeducationalmedia.com

Editado por: Hailey Scragg
Diseño de portada: Rhea Magaro-Wallace
Diseño de interiores: Jen Bowers
Traducción: Alma Patricia Ramirez
Photo Credits: Cover logo: frog © Eric Phol, test tube © Sergey Lazarev, p4 © Moncherie, p5 © BlueLine, p6 © Rawpixel Ltd., p7 © Martinns, p8 © Dee Browing, p9 © skynesher, p10 © FERRAN TRAITE, p11 © alexkich, p12 © titoOnz, p14 © puflic_senior, p15 & 22 © milena moiola, p16 & 22 © lukaves, p17 © leonello, p18 sun © Vitalii Bondarenko, Earth © PeterHermesFurian, p19 © mkarco, p20 winter background © Ikan_Leonid, Grand Canyon © Spondylolithesis, p21 summer background © Lemon_tm, Sydney, Australia © PhotoAllel, All interior images from istockphoto.com.